101 CURIOSIDADES
INTERNET

Ciranda Cultural

Dados Internacionais de Catalogação na Publicação (CIP) de acordo com ISBD

B236c   Barbieri, Paloma Blanca Alves

         101 curiosidades · Internet / Paloma Blanca Alves Barbieri; ilustrado por Shutterstock. – Jandira, SP: Ciranda Cultural, 2021.
         32 p. ; 15,5cm x 2 2,6cm. – (101 curiosidades)

         ISBN: 978-65-5500-773-2

         1. Literatura infantojuvenil. 2. Curiosidades. 3. Internet. I. Shutterstock. II. Título. III. Série.

                                                CDD 028.5
2021-1943   CDU 82-93

Elaborado por Vagner Rodolfo da Silva - CRB-8/9410

Índice para catálogo sistemático:
1.   Literatura infantojuvenil 028.5
2.   Literatura infantojuvenil 82-93

© 2021 Ciranda Cultural Editora e Distribuidora Ltda.
Produção: Ciranda Cultural
Texto: Paloma Blanca Alves Barbieri
Preparação: Ana Paula Uchoa
Revisão: Cleusa S. Quadros e Karine Ribeiro
Diagramação: Coletivo Editoriall
Imagens: Shutterstock.com
(Legenda: S=Superior, I=Inferior, M=Meio, E=Esquerda, D=Direita)
Capa=T=SPF; CE=dencg; C=WinWin artlab; CD=america365; AE=CHIARI VFX;
AD=Issarawat Tattong
Miolo = 6/S = mindscanner; 6/I = AFANASEV IVAN; 7/M = Feng Yu; 7/I = Valentina Razumova; 8/S = researcher97;
8/I = Pavlo S; 9/S = Jasmin64; 9/M = Lifeking; 9/I = 210979972; 10/S = 177978581; 10/I = Artseen; 11/SE = Artseen;
11/SD = Artseen; 11/M = rvlsoft; 11/I = Artseen; 12/S = pixinoo; 12/I = Castleski; 13/M = Paolo Bona; 13/I = Frederic
Legrand - COMEO; 14/M = panuwat phimpha; 14/I = Antonio GuillemAntonio Guillem; 15/S = Sentavio; 15/I = Krunja;
16/S = Stanislav Boxer; 16/I = Worawee Meepian; 17/S = Vilmos Varga; 17/I = marysuperstudio; 18/S = s_bukley;
18/IE = ArthurStock; 18/ID = Gil C; 19/E = IB Photography; 19/D = lev radin; 20/S = Erik Svoboda; 21/S = Gorodenkoff;
22/S = DIProduction; 23/M = Anton_Ivanov; 23/I = Nadia Snopek; 24/S = Brunassaraiva; 24/M = McLittle Stock;
25/M = Traudl; 25/I = Syquallo; 26/S = bluesroad = 26/I = Rawpixel.com; 27/M = Black Jack; 27/I = Digital Storm;
28/S = DG-Studio; 28/I = Rawpixel.com; 29/S = Rido; 29/I = quietbits; 30/S = Stanislav Boxer; 31/E = Stanislav Boxer;
31/D = Stanislav Boxer; 32 = Mironov Konstantin

1ª Edição em 2021
4ª Impressão em 2024
www.cirandacultural.com.br
Todos os direitos reservados. Nenhuma parte desta publicação pode ser reproduzida, arquivada em sistema de busca ou transmitida por qualquer meio, seja ele eletrônico, fotocópia, gravação ou outros, sem prévia autorização do detentor dos direitos, e não pode circular encadernada ou encapada de maneira distinta daquela em que foi publicada, ou sem que as mesmas condições sejam impostas aos compradores subsequentes.

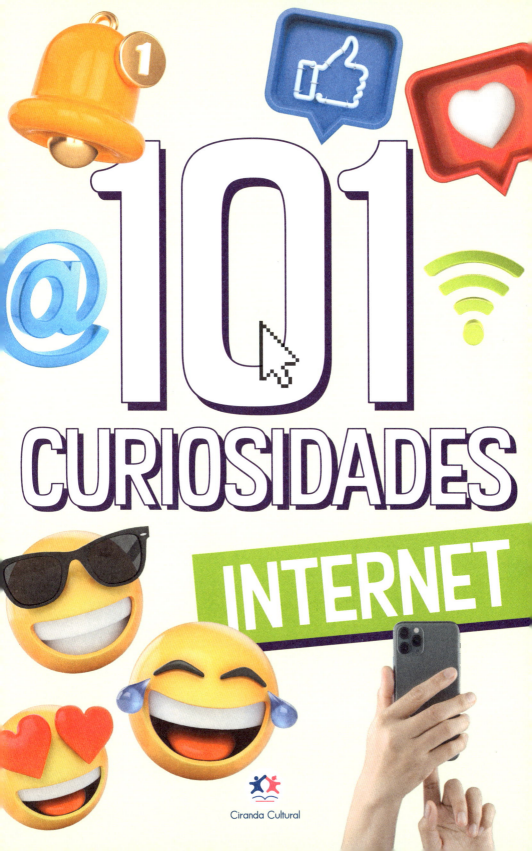

SUMÁRIO

INTERNET: ORIGEM E OUTRAS CURIOSIDADES 6-7

REDE SEM FIO 8-9

ALGUMAS DAS REDES SOCIAIS 10-11

GIGANTES DA INTERNET 12-13

ESTATÍSTICAS SURPREENDENTES 14-15

ESTREANTES NA REDE 16-19

O OUTRO LADO DA INTERNET 20-21

EXPRESSÕES E GÍRIAS DA INTERNET 22-25

#tbt

MITOS 26-27

VERDADES 28-29

SITES BIZARROS, CURIOSOS E DIVERTIDOS 30-31

GLOSSÁRIO DO INTERNETÊS 32

INTERNET: ORIGEM E OUTRAS CURIOSIDADES

1. O PRIMEIRO PROTÓTIPO

A internet foi criada no fim da década de 1960, nos Estados Unidos, e seu protótipo se chamava *Advanced Research Projects Agency Network* (Arpanet), ou Rede da Agência de Pesquisas em Projetos Avançados, e pertencia ao Departamento de Defesa dos Estados Unidos. Com a finalidade de interligar laboratórios de pesquisa, a internet visava impedir o vazamento de informações em caso de ataques.

2. POPULARIZAÇÃO

A internet, tal como a conhecemos hoje, popularizou-se apenas entre o fim da década de 1980 e início da de 1990, quando passou a ser utilizada com finalidade comercial. Além disso, com a criação do **WWW** (sigla para *World Wide Web*) pelo cientista inglês Tim Berners-Lee, a internet ganhou ainda mais destaque.

3. INTERNET VS. WEB

Geralmente usadas como sinônimos, as palavras "internet" e "web" têm significados diferentes. Criada primeiro, a internet é um sistema que conecta computadores do mundo todo. Por meio dela, milhões de terabytes de dados são transferidos todos os dias. Já a web (também conhecida como *World Wide Web* ou WWW) é o caminho pelo qual acessamos todo esse conteúdo transferido.

4. PROTETOR DA INTERNET

Devido à sua inestimável importância, a internet é protegida por uma corporação denominada *Internet Corporation for Assigned Names and Numbers* – ICANN, ou Corporação da Internet para Atribuição de Nomes e Números. Fundada em 1998, ela tem o papel de centralizar e gerenciar a atribuição de nomes e números dos endereços virtuais da internet. Imagine a confusão se mais de uma página tivesse o mesmo endereço...

5. AS CHAVES E OS GUARDIÕES DA INTERNET

Com tanto poder sobre a internet, a ICANN costuma ser alvo de *hackers*. Por isso, para se proteger, ela utiliza sete chaves secretas que, quando usadas ao mesmo tempo, restauram o sistema, em caso de violação. As chaves são protegidas por 14 pessoas (7 guardiões e 7 suplentes) que estão espalhadas pelo mundo, dificultando, assim, qualquer ataque.

6. LEVE COMO UM MORANGO

Em 2011, foi constatado que a internet tem o mesmo peso de um morango, ou seja, apenas 50 gramas. Esse peso considera todos os elétrons que são necessários para o funcionamento dela. Já no que se refere à energia gasta para fazê-la funcionar, estima-se que seja de 40 bilhões de watts.

7. NUMEROSOS SPAMS

Estima-se que, por minuto, são enviados em torno de 240 milhões de e-mails. Porém, mais de 80% são *spams*, aquelas propagandas indesejadas que chegam sem a gente pedir. Enquanto você fazia a leitura desta curiosidade, imagine quantos *spams* não foram enviados? Milhões!

REDE SEM FIO

SURGIMENTO DO WI-FI

Wi-Fi, abreviação de *Wireless Fidelity*, significa conexão sem fio. Embora o uso desse termo seja relativamente recente (1999), a internet sem fio surgiu em 1971, quando as empresas norte-americanas NCR e AT&T usaram uma nova tecnologia de comunicação e troca de dados sem fio chamada WaveLAN. Anos depois, em 1997, o *Institute of Electrical and Electronic Engineers* (IEEE), ou Instituto de Engenheiros Eletricistas e Eletrônicos, liberou a primeira versão da rede Wi-Fi (padrão 802.11-1997).

YIN-YANG DO WI-FI

O logo do Wi-Fi teve como principal inspiração o **Yin-Yang** do taoísmo, dois conceitos usados para se referir a dualidade (lados opostos) de tudo o que existe no Universo. Tal inspiração partiu do fato de o Wi-Fi poder ser usado entre dispositivos distintos e de épocas diferentes.

MUITOS NOMES

Foi apenas em 1999 que a rede sem fio passou a ser chamada de Wi-Fi. Antes disso, ela recebeu vários nomes: DragonFly, WECA, WaveLAN e FlankSpeed. Ufa! Ainda bem que escolheram o termo Wi-Fi, por fim... Bem mais simples de se lembrar e falar, não é mesmo?!

11 BLOQUEADORES DE WI-FI

Apesar dos avanços em termos de tecnologia, o Wi-Fi é muito vulnerável a interferências. Nós, por exemplo, podemos ser grandes bloqueadores da rede, sabia? Isso porque a água é um dos maiores bloqueadores de sinal do Wi-Fi e, como nosso corpo é composto por 70% de líquido, nós meio que bloqueamos o sinal.

12 CHEGADA AO BRASIL

Quase 10 anos depois de ser criado pelo Instituto de Engenheiros Eletricistas e Eletrônicos, o Wi-Fi finalmente chegou ao Brasil, ou seja, em 2008. Isso foi motivado pela popularização do sistema Android no país, pois os usuários começaram a optar por aparelhos móveis que contavam com essa tecnologia.

13 EM FORMA DE DONUT

Os sinais da internet sem fio, emitidos pelo roteador, possuem **forma de donut**. Isso mesmo! Como a conexão Wi-Fi funciona por ondas de rádio que transferem as informações de um aparelho para outro, uma comunicação bidirecional (de um lado para o outro) acontece. É por causa dessa forma de comunicação que as ondas possuem um visual circular que se assemelha ao dos famosos e deliciosos donuts. Wi-Fi e donuts: uma boa combinação, não é?!

14 UMA TECNOLOGIA ESSENCIAL

As mudanças que ocorreram no mundo graças à conexão Wi-Fi foram surpreendentes. Mas a verdade é que sua enorme importância continuará crescendo ao longo do tempo. Até 2023, estima-se que 5,3 bilhões de pessoas estarão conectadas à internet (boa parte por meio da conexão sem fio); esse dado representa 66% da população mundial.

9

ALGUMAS DAS REDES SOCIAIS

ORKUT

15

Lançado em 2004 e descontinuado em 2014, o **Orkut** foi a primeira rede social do mundo a ser reconhecida, e o Brasil era o país que possuía o maior número de usuários. Ela levava o nome de seu criador, Orkut Büyükkökten, um engenheiro de software turco que desenvolveu a plataforma como um projeto independente durante sua pós-graduação na Universidade de Stanford, que foi aperfeiçoada quando ele passou a trabalhar no Google.

MESSENGER

16

Lançado em 1999 pela Microsoft, o MSN Messenger foi um dos programas de mensagens instantâneas mais populares da História da internet, conseguindo sua melhor performance em 2009, quando alcançou 330 milhões de inscrições. Porém, como sempre acontece no mundo da internet, o programa acabou perdendo espaço para outros concorrentes e foi encerrado em 2013.

FACEBOOK

17

Desenvolvida por Mark Zuckerberg, a primeira versão do Facebook se chamava "Thefacebook.com". Nascida em 2004, a versão inicial era voltada apenas para os alunos de Harvard, universidade da qual Zuckerberg fazia parte. Anos depois de sua criação, o Facebook se expandiu para outras universidades e logo ganhou a atenção de pessoas do mundo inteiro. Atualmente, o Facebook é a terceira página mais popular do mundo. Consegue adivinhar a quem pertencem o primeiro e segundo lugares? Google e YouTube, respectivamente!

18. TWITTER

O Twitter chegou em 2006, com o objetivo de permitir a troca de mensagens curtas por meio do celular. A ideia deu tão certo que, hoje, a rede social, ou microblogue, como costuma ser chamada, conta com mais de 1 bilhão de usuários cadastrados. Embora muitos não saibam, o famoso pássaro azul que estampa o logo da marca tem um nome: *Larry Bird*. O nome nada mais é do que uma homenagem ao jogador de basquete Larry Bird, que jogava no time do estado de um dos cofundadores do Twitter.

19. INSTAGRAM

Uma das redes mais usadas atualmente, o Instagram foi criado em 2010 e, já na primeira semana, mostrou possuir grande popularidade quando passou a contar com mais de 200 mil usuários ativos. Visada por seus concorrentes, em 2012 a plataforma foi comprada pelo Facebook e hoje conta com 1 bilhão de usuários ativos por mês. Esse resultado coloca o Instagram como a 5ª rede social mais popular do mundo. O primeiro lugar pertence ao próprio Facebook, com mais de 2 bilhões de usuários.

20. TIKTOK

Diferentemente de outras redes sociais de sucesso, o TikTok não é de origem estadunidense. A plataforma foi fundada por uma grande empresa de tecnologia da China, chamada ByteDance. O aplicativo foi lançado apenas em 2016, mas já conseguiu a façanha de se tornar a rede social do momento, contando com 800 milhões de usuários ativos por mês em todo o mundo.

21. LINKEDIN

Popularmente conhecido entre os usuários como rede social profissional, o LinkedIn foi fundado em 2002. Muito utilizada como estratégia de networking, ou seja, para fazer contatos profissionais, a rede possui mais de 500 milhões de usuários, mas somente um pouco mais da metade (260 milhões) se mantém ativo por mês. Entre os países com maior índice de registros na plataforma, o Brasil ocupa o terceiro lugar, com 45 milhões de conexões aproximadamente. O primeiro e o segundo lugar pertencem aos Estados Unidos e à Índia.

GIGANTES DA INTERNET

22 CRIADORES DO GOOGLE

O **Google**, buscador mais utilizado da internet, foi fundado em 1998 por Larry Page e Sergey Brin, doutorandos da Universidade de Stanford na época. O projeto tinha como objetivo analisar as propriedades matemáticas da internet e organizar uma quantidade infinita de informações presente nela. Hoje, o Google é visto como uma ferramenta essencial para pessoas do mundo todo, sendo utilizado inúmeras vezes ao longo do dia. Somente em 2019, 2 bilhões de buscas foram registradas na ferramenta.

23 INVENTOR DA APPLE

Steve Jobs foi um grande visionário da área da tecnologia. Fundador da Apple, ele revolucionou a indústria dos computadores com invenções como Macintosh, iPod, iPhone e iPad. A maçã do logo da Apple foi resultado de uma visita de Jobs a uma fazenda de macieiras. Segundo ele, a fruta era "divertida, espirituosa e não intimidante". Já em relação à mordida presente no logo, a empresa afirma que esse recurso foi usado para que a maçã não fosse confundida com uma cereja.

24 PAI DA WIKIPÉDIA

Fundada em 2001 por Jimmy Wales, a Wikipédia levou em torno de 15 anos para se firmar entre os internautas e se tornar o ponto de partida para muitas pesquisas na internet. Tanta espera valeu a pena, afinal, atualmente a Wikipédia é vista como a maior enciclopédia do mundo e um dos sites mais visitados da internet. Além disso, o conteúdo que é gerado pelos próprios usuários se tornou tão confiável que o site vem sendo usado como fonte de informação em decisões dos tribunais americanos desde 2004.

25 FUNDADORES DO YOUTUBE

Fundado em 2005 por um jovem trio formado por Chad Hurley, Steve Chen e Jawed Karim, o YouTube nasceu como uma solução para o problema de se compartilhar arquivos de vídeos grandes pela internet. Considerado como o maior portal de vídeos da internet da atualidade, o YouTube está disponível em 75 idiomas. Também usado como ferramenta de busca, ele só perde a primeira posição para o Google. O que não é um problema, pois o portal passou a pertencer ao time Google no ano seguinte ao de sua criação.

26 GÊNIO DA MICROSOFT

Outro grande visionário da tecnologia, **Bill Gates** é o criador da Microsoft, fundada em 1975, ano em que Gates decidiu largar a Universidade de Harvard para se dedicar ao projeto. Ele começou a programar aos 13 anos, e nesse período escreveu o seu primeiro programa de computador. Com uma inteligência fora de série, acredita-se que o QI de Gates esteja entre 160 e 170 pontos. Quem possui um QI acima de 140 é considerado um gênio! Sendo assim, fica evidente que Gates mais do que se encaixa nessa descrição.

27 GIGANTE DAS REDES

Verdadeiro gênio da computação, **Mark Zuckerberg** ganhou popularidade e se tornou um dos bilionários mais jovens do planeta após criar o Facebook. Dono também das redes Instagram e WhatsApp, Zuckerberg tem a atenção de bilhões de pessoas. Por isso, alguns acreditam que seu poder de influência é inimaginável, tornando-o inclusive uma das pessoas mais perigosas do mundo.

28 MISTERIOSO PAI DOS BITCOINS

Os Bitcoins surgiram em 2008, de origem misteriosa. Tudo indica que sua criação se deva a Satoshi Nakamoto, um dos homens mais pesquisados do universo financeiro, mas cuja identidade não se conhece. O Bitcoin é a moeda virtual mais conhecida do mundo. No início de seu surgimento, um Bitcoin custava um pouco mais de 10 dólares, mas, como passou a ser cobiçada por muitos investidores, a criptomoeda conseguiu chegar ao custo de 50 mil dólares atualmente.

VOCÊ SABIA?

Em 2010, foi lançado o filme *A Rede Social*, que conta a trajetória de Mark Zuckerberg, envolvendo sua incrível atuação na área da computação.

ESTATÍSTICAS SURPREENDENTES

29 UM RECORDE E TANTO!

Quando o assunto é sobre a melhor conexão de internet do momento, Liechtenstein se destaca (segundo dados do ano de 2020). Com uma velocidade de 229,98 megabits por segundo, o principado detém o recorde de internet banda larga mais rápida do mundo. No ranking mundial de velocidade de internet banda larga, o Brasil ocupa a 78ª posição, com uma velocidade de 17,89 megabits por segundo. É muita diferença!

30 SEMPRE ON-LINE

Nos dias de hoje, a internet se tornou fundamental para o cotidiano das pessoas. Por isso, a maioria passa boa parte do tempo *on-line*. Estima-se que, em média, as pessoas passem 6 horas e 43 minutos por dia na web. Em outras palavras, cada usuário fica conectado à internet mais de 100 dias por ano, ou seja, em torno de 40% do tempo (quando acordado).

31 VICIADOS EM INTERNET

Dos mais de 7 bilhões de pessoas espalhadas pelo planeta, quase 60% utilizam a internet. O país com maior número de usuários no mundo é a China. Os postos seguintes do ranking pertencem aos Estados Unidos, à Índia, ao Japão e ao Brasil.

QUANTOS ACESSOS! 32

O uso da internet vem crescendo globalmente a cada dia. Atualmente, 4,6 bilhões de pessoas a utilizam, seja para fazer suas pesquisas, para navegar pelas redes sociais ou para se comunicar com outras pessoas.

PIOR RECORDE DE TODOS 33

Se de um lado, Liechtenstein ocupa a posição de país com a internet banda larga mais rápida do mundo (com 229,98 megabits por segundo, de acordo com dados de 2020), de outro, países como Líbia, Argélia e Venezuela detêm o triste recorde de possuírem a internet mais lenta de todas, com 3,53; 3,98 e 4,63 megabits por segundo, respectivamente.

BRASILEIROS NA REDE 34

O Brasil está entre os países que mais acessam a internet. Em 2019, o número chegou a 134 milhões de usuários. Em outras palavras, 3 a cada 4 brasileiros acessam a rede e geralmente pelo celular. Já em relação à frequência, uma pesquisa apontou que 90% costumam navegar na internet todos os dias.

SEM ACESSO 35

Tão necessário no dia a dia de diversas pessoas, muitos acreditam que o acesso à internet é algo comum a todos, mas a verdade é que quase metade da população mundial (3,6 bilhões precisamente), principalmente dos países subdesenvolvidos, continua alheia ou excluída do universo *on-line*, sem poder usar os recursos e as informações disponíveis na internet.

15

ESTREANTES NA REDE

PRIMEIRO SITE DA HISTÓRIA
36

O pesquisador Tim Berners-Lee criou o primeiro site da internet em 1990, quando trabalhava no *Centre Européen pour la Recherche Nucléaire* (CERN), ou Organização Europeia para a Pesquisa Nuclear. O link criado por ele (**http://info.cern.ch**) funciona até hoje (com interface HTML) e contém informações sobre o funcionamento da rede, suas aplicabilidades e até a história do surgimento do projeto da competição, vencendo a Argentina.

UM E-MAIL PARA NÃO ESQUECER
37

O primeiro e-mail foi enviado em 1971 por Ray Tomlinson, um engenheiro de informática que trabalhava em uma empresa que prestava serviço para o Departamento de Defesa dos Estados Unidos. Como forma de teste, Tomlinson enviou um e-mail de um computador para outro usando a rede *Arpanet*, precursora da internet. No corpo do e-mail, ele colocou uma mensagem simples, como uma sequência de números ou letras aleatórias.

TWEET HISTÓRICO
38

O primeiro *tweet* foi realizado em 21 de março de 2006 pelo cofundador do site, Jack Dorsey. A mensagem, bem simples e objetiva, dizia: "*just setting up my twttr*", ou "criando meu twttr", em português. A data acabou ganhando a hashtag #happybirthdaytwitter, como forma de celebrar esse acontecimento.

39 UM VÍDEO DE PRIMEIRA

O primeiro vídeo do YouTube foi postado em abril de 2005 por um dos fundadores da plataforma, Jawed Karim. O vídeo amador mostrava Karim em um momento de lazer, isto é, durante uma visita ao zoológico de San Diego, nos Estados Unidos.

40 PERFIL MEMORÁVEL

O primeiro perfil do Facebook obviamente foi criado por Mark Zuckerberg. Mas, sem levar em consideração as pessoas que participaram da criação da rede, o estreante foi Arie Hasit, companheiro de quarto de Zuckerberg na Universidade de Harvard. Acredita-se que as notificações de aniversário do Facebook tenham sido uma contribuição dele.

41 DIVERTIDOS EMOTICONS

O emoticon sorrindo, tão comum hoje em dia nas redes, foi usado pela primeira vez em 19 de setembro de 1982, por um professor da Universidade de Carnegie Mellon, nos Estados Unidos. Conhecido como Scott Fahlman, em suas mensagens de texto, ele propôs a sequência de símbolos :-) para indicar uma carinha feliz e :-(para indicar um assunto importante. Tudo isso para evitar desentendimentos nas mensagens!

42 PRIMEIRA IMAGEM DA REDE

Dois anos depois de criar o primeiro site na internet, Tim Berners-Lee publicou a primeira imagem na rede, em 1992. A imagem era a foto de uma banda *pop* chamada *Les Horribles Cernettes* e que era formada pelas funcionárias da Organização Europeia para a Pesquisa Nuclear (CERN), onde Berners-Lee trabalhava.

O primeiro perfil do Facebook

17

ESTREANTES NA REDE

43 CANÇÃO INESQUECÍVEL

Foi em 1994 que as pessoas tiveram a feliz experiência de baixar a primeira canção disponível na internet. Tratava-se da música *Head First*, da banda **Aerosmith**. Contudo, diferentemente dos dias atuais, o tempo que levava para baixar uma música era bem demorado.

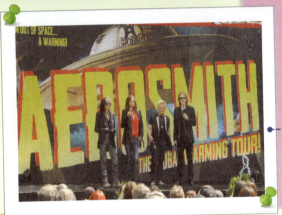

44 PUBLICAÇÃO MARCANTE

Kevin Systrom, programador e criador do **Instagram**, foi responsável pelo primeiro *post* na plataforma — uma foto. Publicada em 17 de julho de 2010, ela mostrava o pé da namorada de Kevin e um cão da raça golden retriever.

45 "ESTÁ ME OUVINDO?"

Em abril de 2003, um dos criadores do **Skype**, que tinha nacionalidade estoniana, disse sua primeira frase usando o programa. A frase dizia apenas *"Tere, kas sa kuuled mind?"*, que significa "Olá, está me ouvindo?".

ESTREIA DA WIKIPÉDIA

46

A **Wikipédia**, tal como a conhecemos hoje, foi inaugurada oficialmente em 15 de janeiro de 2001, momento em que foi feita a primeira publicação. Por causa da transição de tecnologias nesse período, o histórico do primeiro artigo feito na plataforma se perdeu, mas a data de seu registro ficou gravada.

47

PRIMEIRA VENDA

Fundada em 1994, a Amazon vendeu seu primeiro livro no ano seguinte, a partir da garagem de **Jeff Bezos**, fundador da empresa, em Seattle, nos Estados Unidos. Tratava-se de uma obra acadêmica escrita por Douglas Hofstadter chamada *Conceitos de Fluidos e Analogias Criativas*.

48

CELULAR CONECTADO

O primeiro aparelho celular com acesso à internet foi apresentado ao mundo em agosto de 1996. Tratava-se do modelo Nokia 9000 Communicator. Porém, como o serviço era caro, ter acesso à internet pelo celular era um verdadeiro luxo!

49

O PRIMEIRO *SPAM* A GENTE NUNCA ESQUECE

O primeiro *spam* foi enviado em 3 de maio de 1978. Gary Thuerk, funcionário de uma empresa chamada *Digital Equipment Corporation* (DEC), enviou um *spam* para 393 usuários da *Arpanet*, primeira versão da internet.

O OUTRO LADO DA INTERNET

50 — O PRIMEIRO VÍRUS

Os **vírus de computador** são assim chamados por sua capacidade de "infectar" arquivos digitais. Seu meio de propagação entre as máquinas se dá quando arquivos infectados são transferidos por e-mail ou mídias físicas, como *pen drives*. O primeiro vírus de computador recebeu o nome de "Brain" e foi desenvolvido por dois irmãos paquistaneses em 1986 para impedir a propagação de cópias piratas de um programa de computador que era vendido em sua loja.

51 — WORM MORRIS

Enquanto os vírus dependem dos usuários para se propagar e infectar as máquinas, os *worms* (*malware*, ou seja, um arquivo que causa danos e rouba dados) usam as próprias vulnerabilidades das redes de computadores para se propagar. Em 1988, um estudante de doutorado da Cornell University chamado Robert Tappan Morris escreveu o código do primeiro *worm* (daí a origem do nome), que conseguiu se propagar pela internet e infectar milhares de computadores.

52 — CAVALOS DE TROIA

Segundo a mitologia, o cavalo de Troia foi uma armadilha usada pelos soldados gregos para adentrar os muros de Troia. Na computação, o objetivo do vírus que leva esse nome não é diferente. Disfarçados de arquivos legítimos, esses *malwares* alteram as configurações do computador e realizam atividades maliciosas sem o consentimento do usuário.

TEMIDO HACKER 53

Kevin Mitnick possui a fama de maior *hacker* da história. Isso porque, em 1990, ele invadiu os computadores de operadoras de telefonia e internet. Para completar, Mitnick também conseguiu enganar o FBI. Capturado em 1995, ele ficou preso por 5 anos e foi impedido de usar a internet por mais 3. Atualmente, Mitnick usa seu vasto conhecimento em tecnologia para dar consultoria sobre segurança digital.

CUIDADO COM O SPYWARE 54

Como o nome já indica, um *spyware* espiona tudo o que fazemos no computador, como as teclas que pressionamos, as páginas que navegamos e até nossas informações de login. Após coletar esses dados, o *malware* os envia a terceiros, geralmente criminosos virtuais. Um dos *spywares* mais conhecidos recebeu o nome de "miniDuke". Em 2013, ao se infiltrar em máquinas de ONGs e entidades governamentais por arquivos PDFs, o *malware* infectou organizações de 23 países, incluindo o Brasil.

BUGOU! 55

Os *bugs* são falhas inesperadas que ocorrem ao se executar um software, podendo causar o travamento ou a diminuição do desempenho dos computadores. Acredita-se que a palavra *bug*, que significa inseto, passou a ser usada na computação por causa de uma situação ocorrida em 1947. Após detectar um erro no computador Mark II, um operador de navios da Marinha dos Estados Unidos chamado William Burke encontrou uma borboleta dentro dos fios da máquina. Logo, ele constatou que o inseto tinha causado a falha no computador. A partir daí, o termo *bug* se popularizou no ramo da informática.

ANÚNCIOS INCÔMODOS 56

Adwares são programas que exibem os famosos e incômodos anúncios em forma de *pop-up* sempre que estamos navegando pela internet. Bastante insistente, esse recurso deixa o computador e a conexão mais lentos. Embora pareçam inofensivos, os *adwares* podem se comportar como *spywares*, além de enviar *spams* para seus contatos do e-mail.

21

EXPRESSÕES E GÍRIAS DA INTERNET

57 SURFAR NA WEB

"Surfar na web" já não é mais uma expressão tão usada entre os internautas, mas ela, que é sinônimo de navegar pela internet, popularizou-se nos anos 1990. Isso porque, em 1992, a mestre em biblioteconomia Jean Armour Polly resolveu usar a expressão em um artigo da faculdade para descrever sua experiência com a internet, uma ferramenta nova na época.

58 STALKEAR

Stalkear é a forma aportuguesada do verbo *to stalk*, que significa perseguir. Na internet, a palavra é geralmente usada para dizer que alguém está "espionando" as atividades de uma pessoa nas redes sociais. Em outras palavras, *stalkear* seria o mesmo que bisbilhotar a vida alheia.

59 DAR SPOILER

Derivada do verbo em inglês *to spoil*, que significa "estragar", o termo *spoiler* descreve a revelação de informações sobre o conteúdo de livros, filmes ou séries. Ou seja, quando alguém conta o final de um filme ou livro que queremos assistir ou ler, ela acabou de dar um *spoiler*. Em outras palavras, a pessoa foi um "estraga-prazeres", pois acabou com nossa expectativa de descobrir por conta própria o desfecho da história.

60 QUERIDO CRUSH

Muito usada no meio *on-line*, mas também na vida real, o termo *crush* indica um tipo de "amor impossível", ou seja, uma pessoa por quem sentimos ou idealizamos um interesse romântico. O *crush* de hoje nada mais é do que a "paixão platônica" de antigamente.

61 SHIPPAR

Para indicar que se torce pela união de duas pessoas, foi inventado o verbo *shippar*. Uma das gírias mais usadas na internet, deriva da palavra *relationship*, que significa "relacionamento". A expressão começou a ser usada por fãs de séries, filmes ou livros que torciam para ver seus personagens favoritos juntos, como casais. Inclusive, é comum usar nas redes sociais uma *hashtag* mesclando o nome do casal "shippado", como #HermiRony por exemplo, personagens Hermione e Rony, da saga *Harry Potter*.

62 OK, BOOMER!

A expressão *Baby Boomer* faz referência a todas as pessoas que nasceram entre 1946 e 1964, ou seja, no período Pós--Segunda Guerra Mundial, momento em que houve um aumento (ou *boom*) nas taxas de natalidade. A partir dessa expressão, surgiu a gíria *boomer* nas redes sociais, geralmente usada para se referir e confrontar ironicamente alguém de uma geração mais velha por suas perspectivas diferentes. Ok, *boomer*!

63 CANCELADO!

Nas redes sociais, quando um famoso (ator, cantor ou *influencer* por exemplo) posta ou diz algo controverso ou ofensivo, ele passa a ser "cancelado" pelas pessoas, ou seja, passa a ser criticado e perde muitos seguidores. A ideia de cancelamento se baseou no movimento #MeToo (#EuTambém), que surgiu em 2017 como forma de denunciar abusos contra mulheres. A "cultura do cancelamento" foi tão propagada que, em 2019, o dicionário australiano *Macquarie* a elegeu como a expressão do ano.

EXPRESSÕES E GÍRIAS DA INTERNET

64

DIVERTIDO MEME
Meme é um tipo de linguagem carregada de humor e bastante propagada na internet, especialmente nas redes sociais. Diferentemente de muitas expressões que se tornam esquecidas com o tempo, o meme se mantém popular por causa de sua carga humorística. Você sabe quando o primeiro meme foi criado? Em 1921! Publicado nas tirinhas de uma revista americana chamada *The Judge*, ele mostrava um tipo de comparação como nosso meme atual "Expectativa x Realidade".

65

SEXTOU
Como o próprio nome já indica, a expressão "sextou" celebra a chegada da tão esperada sexta-feira. Geralmente acompanhada de um *hash* (o símbolo #), a gíria se tornou muito popular entre os brasileiros no Instagram. A famosa gíria se originou de uma música de forró intitulada "Sextou". Mas a popularização do termo veio de fato após o lançamento da versão sertaneja da canção.

66

PERIGOSAS FAKE NEWS
A internet facilitou o acesso à informação para muitas pessoas. Porém, muitos vêm usando esse veículo para espalhar notícias falsas e mentirosas, ou seja, *Fake News*. Com grande poder viral, o termo passou a ser usado a partir de 2016, durante as eleições presidenciais dos Estados Unidos. Nessa época, conteúdos falsos sobre a candidata Hillary Clinton foram compartilhados pelos eleitores do candidato adversário, Donald Trump.

67 MALDOSOS HATERS

Por não serem vistas, muitas pessoas utilizam a internet para fazer mal a outras. Este é o caso dos *haters*! Traduzido como "odiador", *hater* é um termo utilizado para definir pessoas que atacam e criticam outras pelas redes sociais.

68 MOOD DE HOJE

Para expressar o estado de espírito ou o humor de uma pessoa nas redes sociais, é comum utilizar a palavra inglesa *mood*, que tem o mesmo sentido. De tão popular, a palavra acabou ganhando muitos memes. Além disso, usuários do Instagram também passaram a usar *hashtags* para distinguir o *mood* de determinado dia da semana, como #MondayMood ou #humordesegundafeira. Qual seu "*mood*" de hoje?

#hashtag

69 HASHTAG

As *hashtags* são aqueles símbolos bem famosos que conhecemos como "jogo da velha". Usadas intensamente nas redes sociais, elas acompanham siglas, palavras ou frases que contêm um assunto específico, por exemplo: #curiosidades. O famoso símbolo foi criado pelo designer Chris Messina em 2007 e usado pela primeira vez no Twitter.

70 LEMBRANÇA DO PASSADO (TBT)

A famosa *hashtag* #tbt (*Throwback Thursday*) começou a ser usada em 2012 no Twitter, mas se popularizou mesmo no Instagram. A palavra *throwback* significa "regresso", e *thursday*, "quinta-feira". Juntas, as palavras se referem a algo como recordar um momento que aconteceu no passado.

25

MITOS

71
NAVEGAÇÃO ANÔNIMA
Navegar anonimamente pela internet pode até garantir a privacidade do usuário, mas se engana quem pensa que esse recurso ajuda a esconder todos os passos dados no mundo virtual. Mesmo que por pouco tempo, as páginas acessadas pelo usuário ficam salvas no computador. Fique alerta!

72
ANTIVÍRUS É PARA OS FORTES
Muitas pessoas acreditam que basta evitar sites suspeitos para fugir dos temidos vírus e *malwares*. Mas a verdade é que, embora sejamos cautelosos ao extremo na rede, outros meios podem ajudar na propagação de vírus, como o uso de um *pen drive* infectado ou mesmo o anexo de um e-mail enviado por um amigo.

73
"SE ESTÁ NA INTERNET, É VERDADE!"
Grande parte da população acredita em tudo o que lê na internet. Isso é um fato preocupante. Afinal, nem tudo o que é disponibilizado na rede é de fato verdade. Por isso, tudo o que é lido precisa ser verificado. Então, para não ser enganado, verifique a origem da fonte sempre!

RICO EM SEGUNDOS **74**

O que mais se vê na rede são propagandas sobre como ficar rico com a internet. Embora essa ferramenta possa proporcionar bons negócios para as pessoas, não é ela que tem o poder de deixar alguém rico ou não. Se encontrar mensagens assim, fuja! Provavelmente se trata de uma publicidade enganosa ou de um vírus.

75 ADEUS LIVROS?

Com a popularização da internet e o surgimento dos livros digitais, muitos passaram a acreditar que os livros físicos seriam esquecidos para sempre. Felizmente, ainda há um número expressivo de leitores que preferem o bom e velho papel. Portanto, dificilmente os livros físicos serão totalmente substituídos pelos digitais. Ufa!

O PODER DO VÍRUS **76**

Os vírus são realmente perigosos, mas até o momento eles não são capazes de causar danos físicos aos computadores. Isso mesmo: embora muitos acreditem nesse mito, superaquecer sua máquina ou destruir *chips* do seu computador ou celular não são ações que os vírus podem fazer.

CULPA DOS TUBARÕES **77**

Espalha-se por aí que as oscilações e avarias na internet são causadas pelos **tubarões**, que comem os cabos submarinos responsáveis por levar a conexão pelos oceanos. Mas os pobres animais não são culpados disso. De acordo com um estudo da *International Cable Protection Committee* (ICPC), ou Comitê Internacional de Proteção de Cabos, entre 60 e 70% dos danos nos cabos submarinos são produzidos pelas redes de pesca e pelos barcos.

VERDADES

78

CONEXÃO MAIS SEGURA

Estar conectado à internet pelo sistema 3G ou 4G é muito mais seguro do que pelo Wi-Fi gratuito. Ao se conectar a redes abertas, é preciso tomar alguns cuidados. Um recurso chamado *Secure Connection*, por exemplo, permite que os usuários se conectem de forma segura à internet, pois criptografa todos os dados enviados e recebidos pela rede, ou seja, torna "ilegíveis" as informações compartilhadas.

79

SENHA PODEROSA

Para uma senha ser bem segura, é preciso, de fato, que ela contenha letras, números e caracteres especiais. Sendo assim, as famosas senhas como 123, data de nascimento, nome e sobrenome, por mais que sejam fáceis de se lembrar, devem ser evitadas. Fica a dica!

80

AMIGOS, AMIGOS, VÍRUS À PARTE!

Ainda que sejam de sua extrema confiança, os e-mails ou as mensagens de seus familiares e amigos, mesmo os mais próximos, não são 100% confiáveis. Isso não significa que eles estão tentando enganar ou prejudicar você. A verdade é que os criminosos virtuais usam vírus que permitem enviar mensagens como se fossem de seus contatos mais próximos.

81
VÍCIO PERIGOSO

Sim, o uso exagerado da internet é um hábito perigoso, principalmente para as crianças. O hábito de se manter *on-line* uma grande parte do tempo pode trazer riscos à saúde, pois prejudica a visão (pela exposição ao brilho das telas), a postura (costas arqueadas) e as mãos (pelo esforço repetitivo de digitar ou teclar). Além disso, prejudica os relacionamentos com outras pessoas, pois o contato físico passa a ser substituído pelo virtual.

82
UM SISTEMA DE PRIMEIRA

O **sistema Android** não é nada suscetível a vírus. Estima-se, inclusive, que menos de 0,001% das instalações de aplicativos são capazes de burlar a segurança do Google. Para causar algum dano ao sistema, os programas maliciosos precisam passar por uma série de barreiras da empresa, e isso não é uma tarefa fácil!

83
SINAL RUIM

Alguns materiais podem afetar drasticamente a eficácia do sinal do Wi-Fi. Espelhos e até a água podem afetar tanto o sinal que são capazes de bloqueá-lo instantaneamente. A madeira, por outro lado, exerce pouca influência no sinal, que é capaz de atravessá-la sem problemas.

84
COMPRA SEGURA

Fazer compras na internet não é uma cilada, como muitos pensam. Na verdade, esse recurso facilita a vida de muita gente por causa da praticidade e agilidade. Mas é claro que, na hora da compra, é preciso tomar alguns cuidados, como conferir o endereço do site (https, URL), verificar se o computador se encontra em boas condições de uso (com *softwares* atualizados e antivírus ativo) e conferir se o anúncio não é bom demais para ser verdade.

29

SITES BIZARROS, CURIOSOS E DIVERTIDOS

85

MUSEUM OF ENDANGERED SOUNDS (WWW.SAVETHESOUNDS.INFO)

Para quem sente saudade dos "velhos tempos", dos programas, aplicativos ou equipamentos que marcaram gerações, o site "**Museu dos Sons Ameaçados de Extinção**" conta com um acervo de sons de verdadeiras relíquias da tecnologia. Tem a música de inicialização do Windows 95, o relaxante barulho da máquina de escrever e até o inesquecível som do fax sendo enviado. Pura nostalgia!

86

PATIENCE IS A VIRTUE (WWW.PATIENCE-IS-A-VIRTUE.ORG)

O site *Patience is a Virtue* tem como objetivo, muito provavelmente, testar a paciência das pessoas. Ao acessar a página, o usuário tem de esperar que ela carregue, o que nunca acontece! Se você acessar a página e conseguir se manter nela por mais de um minuto sem se estressar, a paciência com certeza é uma de suas virtudes!

87

THE UNCOMFORTABLE (WWW.THEUNCOMFORTABLE.COM)

Como o nome já indica, o site reúne uma coleção de itens que podem causar um verdadeiro desconforto nas pessoas. Embora sejam objetos muito usados no dia a dia, os elementos foram adaptados e perderam sua utilidade. Há galochas com abertura na frente, taças duplas e talheres com uma espessura bem fora do padrão.

CAT BOUNCE (WWW.CAT-BOUNCE.COM) 88

Como o nome indica, o site *Cat Bounce* mostra diversos **gatinhos caindo** da tela e quicando sem parar. Caso você não veja muita graça nisso, experimente clicar no ícone "Make it rain". Você verá uma chuva de gatinhos acontecer!

NOOOOOO!!! (WWW.NOOOOOOOOOOOOO.COM) 89

O site *Noooooo!!!*, que significa "não" em português, consiste apenas em apertar um botão azul para ouvir um alto e claro "não". O site pode até parecer bizarro e sem sentido, mas talvez ajude alguns usuários a dizer a negativa mais vezes. Vai saber!

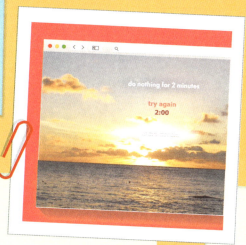

WORLD'S LONGEST WEBSITE (WWW.WORLDSLONGESTWEBSITE.COM) 90

World's Longest Website, ou Site mais Longo do Mundo, é uma página bem inusitada. Ela registra a data, o horário e o país de cada visitante. Com início em 27 de junho de 2008, o site segue guardando informações sobre cada pessoa que passou por ali.

DO NOTHING FOR 2 MINUTES (WWW.DONOTHINGFOR2MINUTES.COM) 91

Para aqueles que precisam relaxar por uns minutos entre um trabalho e outro, ou estudo, mas não conseguem se desligar da internet, o site *Do Nothing For 2 Minutes* tem uma proposta interessante. Ele apresenta uma paisagem de fundo e um som relaxante, e a pessoa precisa passar dois minutos sem encostar no teclado ou mouse; caso contrário, o relógio na tela recomeça a contar.

31

GLOSSÁRIO DO INTERNETÊS

92 AFK

AFK é uma sigla para *Away From Keyboard*, que significa "longe do teclado". Muito usada no universo dos games, a expressão é dita pelo jogador quando ele precisa se ausentar temporariamente.

93 ASAP

Popular no mundo corporativo, ASAP (*As Soon As Possible*) é um termo muito usado por uma pessoa para indicar que ela precisa de algo com urgência.

94 BTW

BTW, sigla para *By The Way*, significa "falando nisso". É um recurso usado para dar continuidade ou encerrar uma conversa.

95 DIY

Muito usada atualmente por pessoas do mundo todo, a sigla DIY significa *Do It Yourself*, ou "faça você mesmo" em português. Ela é usada para indicar quando alguém fez algum trabalho manual, incentivando os demais a fazerem o mesmo.

96 AKA

A sigla AKA, que se originou da expressão inglesa *Also Known As*, é usada para indicar o apelido de algo ou alguém. Em outras palavras, seria o "também conhecido como" em português. Exemplo: Roberto Carlos, AKA Rei.

97 DM

Quando alguém pedir para você chamá-lo no DM, não se apavore. A sigla DM, do inglês *Direct Message*, só indica que a conversa deve ser feita pelos chats privados das redes sociais.

98 FYI

A sigla FYI (*For Your Information*) tem o mesmo significado que o nosso PSC (Para Seu Conhecimento), termo do mundo corporativo. A expressão é usada quando se quer repassar um conteúdo para outras pessoas.

99 LOL

Embora LOL remeta a um famoso jogo on-line chamado *League of Legends*, a sigla se popularizou pelo mundo de outra forma, como uma abreviação para *Laughing Out Loud*, que significa algo como "rindo alto" em português.

100 SQN

Sigla em português para "Só que não", costuma ser usada em contexto de deboche ou sarcasmo. Por exemplo: "Eu nunca caí de bicicleta. SQN!".

101 YOLO

Sigla de *You Only Live Once*, que significa "só se vive uma vez", YOLO é comumente usada em legendas de fotos nas redes sociais. Seu objetivo é ressaltar a importância do momento vivido.